EIN GEDICHT IST EIN PARK

Gedichte

Günter Wülfrath

Bibliografische Informationen der Deutschen
Nationalbibliothek:
Die Deutsche Nationalbibliothek verzeichnet diese
Publikationen in der Deutschen Nationalbibliografie;
detaillierte bibliografische Daten sind im Internet
über http://dnb.dnb.de abrufbar.

Herstellung und Verlag:
BoD – Books on Demand, Norderstedt

ISBN: 9783755710332

Liebe Leserinnen und Leser, *was war ihr erster Gedanke, als sie den Titel dieses Buches gelesen haben?*

Also, ich hätte auf diese Frage nicht sofort antworten können. Die Antwort ist mir Ende 2020 mit einer Mail ins Haus geflattert.

die sonne

die sonne geht unter
und ihr warmes licht
sinkt in die nacht hinunter
bis der neue tag anbricht

die sonne geht unter
das tut sie an allen tagen
sie macht die welt bunter
mit ihren märchen und sagen

die sonne geht auf
pünktlich früh am morgen
es stören ihren tageslauf
weder frohsinn noch sorgen

die sonne am himmel steht
strahlend in schönem blau
wenn so ein tag vergeht
verschwindet des alltags grau

die sonne ist leben
macht aus dunkelheit licht
sie will uns die wärme geben
denn die kälte – mag sie nicht

Wolfgang Weil, ein guter Freund dem ich, wie vielen Anderen in der Coronazeit, regelmäßig meine Gedichte zusendete, antwortete mir auf mein Gedicht „DIE SONNE":

Schönheit und Sinn

Ich saß missmutig vor meinem PC und räumte die Oberfläche auf. Das mache ich oft wenn ich meinen eigentlichen Aufgaben ausweiche oder wenn in mir Töne angeschlagen wurden, jedoch nicht zum Klingen kommen können. Da flog dein Gedicht, lieber Günter, bei mir ein. Ich las und war berührt: So einfach und schön. Ich bin immer wieder fasziniert, wie wirkmächtig so ein kleines Gedicht sein kann. Ich spürte den Sonnenstrahl auch in meinem Inneren – nur einen kurzen Moment. Doch das reichte schon, um mich auf ein anderes inneres Gleis zu setzen. Und da bin ich immer noch - jetzt noch nach Stunden. Noch einmal lese ich die Zeilen und spüre, erkenne Schönheit und Sinn.

Es wird wohl daran liegen, dass in Gedichten jedes Wort genau abgewogen wird – wie in einem Park die Position jedes Baumes und die Schwingung jeder Wiese das Ergebnis von Überlegung und Einfühlung ist. Ein Gedicht ist ein Park. Günter, du bist ein Park- und Landschaftsgärtner – und immer wieder gehe ich gerne durch die von dir angelegten Wort-Gärten und -Fluren.

Ich lege Wald an – schreibe gerne Texte. Auch schön. Anders. Und so antworte ich dir mit einem kurzen Text. Über Schönheit und Sinn.

„Wie wollen wir in Zukunft leben?" – diese Frage wird jetzt in der Krise immer häufiger gestellt – bang und ratlos. Und selbst einige Konservative benennen kleinlaut, was sie mit „Zukunft" meinen: Jenseits des Kapitalismus.

Dein Gedicht, manch andere Werke und deren Entstehungsbedingungen vor Augen muss ich nicht lange überlegen, wie ich in Zukunft gerne leben würde. Ich würde aus Worten und Sätzen Parks und Wälder formen - Landschaften voller Schönheit und Sinn - Landschaften, die Töne zum Klingen bringen. Solche „Produkte" würde ich gerne herstellen - mit meiner Arbeit und mit meiner Liebe. Produkte, die wir alle brauchen und die trotzdem nichts kosten.

Aber auch jene Landschaften werden keine Paradiese sein. Auch in ihnen - in uns allen - werden Freiheit und Notwendigkeit ständig miteinander ringen. Und wir werden die Zeit nicht vergessen, in der wir uns mit unseren Brüdern und Schwestern durch das Tal der Ängste voran arbeiten mussten - überall die Hand auflegend: Fürchtet euch nicht! Habt keine Angst, wenn sie jetzt von euch geht: Die Art von Arbeit, wie wir sie aus der Vergangenheit kennen. Die Arbeit, die euch ernährt und geknechtet hat. Auf euch wartet die andere Arbeit. Ihr habt eine Welt zu gewinnen - eine Welt aus Schönheit und Sinn.

8

Und wenn ihr achtsam durchs Leben geht, dann werdet ihr einiges Zukünftige bereits heute entdecken - zum Beispiel, wenn es „Kling" macht in deiner Maschine und dir ein Sonnengedicht ins Haus flattert. Ein Gedicht voller einfacher Schönheit und Sinn.

Liebe Leserinnen und Leser,
jetzt wir es ganz leicht, die Frage nach der
Entstehung des Buchtitels „Ein Gedicht ist ein
Park" zu beantworten.
Aber noch ist es ein Stück Utopie, denn auch
Parks können verwildern.
Nicht jedes Gedicht schildert einen Zustand der
mit Schönheit und Sinn in Verbindung gebracht
werden kann.
Aber genau darauf will ich aufmerksam machen,
am Ende mit Schönheit und Sinn.

Krieg & Frieden

RÜCKKEHR ZUM FRIEDEN

Ich komme zurück aus kriegerischen Zeiten,
zerschlagen, verletzt, ohne Illusionen,
so bin ich:
enttäuscht von mir selbst, ich habe genug
von den ewig gleichen Ausreden,
will nicht mehr glauben die eigenen Lügen,
in prasselndem Regen will ich
mich erweichen lassen,
in wärmenden Sonnenschein erwachen,
nicht im finsteren Keller meiner Gedanken,
mit untergegangener Hoffnung,
nicht wissend wie ich leben soll,
mit den Fehlern meiner Vergangenheit,
ob sie so wichtig waren,
dass ich nicht mehr weiter komme,
oder ob ich Frieden finde,
in folgender Zeit,
im Chaos meiner Rückkehr.

Zukunft

1

rüstung ist verderblich
verderblicher aber
die förderung der rüstung
darum beachtet zu jeder zeit
die menschlichkeit
lasst sie nicht untergeh'n
beendet die lüge
von der alternativlosigkeit der rüstung
ihr beschreibt nur das wachstum
den untergang der zivilisation

2

solch falsche argumente
durch leiden belegt
lassen uns verzweifeln
an der zukunft der menschlichkeit

vom pessimismus zur zuversicht

im krieg geboren
in dunkler zeit
zum leben erkoren
trotz hunger und leid

die mutter verlassen von allen
allein auf sich gestellt
ihr mann im krieg gefallen
grausam war die welt

immer noch hör ich den klang
von heulenden sirenen
der bomben tötlichen gesang
trümmerfelder sich dehnen

aufgewachsen in dunkler zeit
vom krieg den vater geraubt
angst dass die dunkelheit bleibt
und doch immer geglaubt

einmal ist diese zeit vorbei
vorbei der schreckliche krieg
frieden und die völker frei
das ist der welt größter sieg

das leben trieb mich voran
wie die flut die gezeiten
als lernender fing ich an
für besseres leben zu streiten

erfüllt von freien gedanken
die in die zukunft weisen
will ich allen danken
die meine zuversicht speisen

sonnet vom salz der erde

dehnend mit gestreckten armen
erwachend wie flammende späne
durch die glut der flammen
brennen alle meine pläne

feuer ist ein teil der natur
ich spüre den regen die sonne
trinke das leben als whisky pur
werde zur glühenden wonne

das wohlsein im flammenleben
möchte ich teilen mit allen
dass die erde menschlich werde

jeder sollte danach streben
dem frieden zu verfallen
- er ist das salz der erde -

gewissensfragen

in vielen ländern der erde
fressen böse kriege das leben auf
die waffen sind unser beitrag
ohne sie würden keine kriege entsteh'n
wir werden niemals frieden schaffen
denn kriege müssen weiter geh'n
denn profit bringen die waffen

notwendigkeiten werden beschrieben
dass wir nicht anders können
die nachrichten im ganzen land
werden jeden tag neu formuliert
und in den hinterzimmern der macht
können lügen sich entfalten
große versprechen werden gemacht
aber nicht eingehalten

gründe für kriege – meist große lügen
werden ständig neu erfunden
für die verlogene gesellschaft
ist der mainstream ein hit
eine ertragreiche zeit für wachstum
und großen profit

nicht nur in afghanistan
wird krieg mit soldaten gemacht
mit versprechungen und trugbildern
wird unserer vorstellung von demokratie
mit tötenden waffen und drohnen
mit macht in stellung gebracht
das berührt nur den teil unseres gewissens
der daraus keine fragen mach

im schatten

im dunklen schatten alter bäume
liegt unter der erde ein toter soldat
es endeten seine zukunftsträume
als er seinen letzten weg antrat

unter heißer sonne im wüstensand
ebenfalls ein soldat begraben liegt
der hier ein tötliches ende fand
wie sein bruder vom krieg besiegt

sie ruhen still – werden langsam vergeh'n
müssen die zukunft laufen lassen
sie waren zu jung diese welt zu versteh'n
was ihnen geschah konnten sie nicht fassen

erkennen die friedenskräfte erst gut
wie die rüstungsindustrie soldaten frisst
dann bleibt wo nie ein Sieger ruht
ein grab dass man nie vergisst

keine waffen keine kriege

ich mache mich nicht gemein
mit den rüstungsproduzenten
habe keine gemeinsamkeit mit denen
die waffen für notwendig halten

solange sie die herrscher
der tötlichen waffen sind
lebt ihre lüge – wer waffen besitzt
kann den krieg verhindern

ich denke sie sind skrupelloser
als die auftragskiller der mafia
die im namen der ehre daran glauben
das böse in sich zu adeln

politik wird unmenschlich
die zustimmung zu rüstungsvorhaben
ist die erste voraussetzung
für die folgenden kriege

HEIMATFRIEDE

Wenn im unwirklichen Sonnenlicht,
die Wellen wie Silber im Bach untergeh'n
und das Licht sich im Wasser bricht,
sind bunte Kiesel am Grunde zu seh'n.

Des Wassers klingende Melodie
murmelt fröhlich durch die Wiese,
auf satten Weiden gesundes Vieh,
zur Erfrischung weht eine Briese.

Insekten summen, sind Blütenfinder,
im klaren Wasser schwimmen Forellen,
fröhlich spielen am Ufer die Kinder,
dieses Wunder muss niemand bestellen.

Ein Bach zwischen sanften Hügeln,
fruchtreiche Felder rahmen ihn ein
und wenn uns friedliche Bilder beflügeln,
kann ein echter Frieden sein.

WENN BOMBEN FALLEN

Jedes mal,
wenn Bomben fallen,
wächst in den Menschen die Angst.
Sie lässt die Nerven erzittern,
im furchtbaren Inferno des Krieges.
Das Elend gebiert Trauer und Klage,
treibt mit dem Wind über Häuser und Land.
Verfolgt die Lebenden und löscht sie
und die nicht geborene Zukunft aus.

Jedes mal,
wenn Bomben fallen,
verbrennt im Hagel die Menschlichkeit.
Das lässt den Hass wachsen,
zu einer grässlichen Realität.
Fremdenfeindlichkeit, geboren aus Hass,
treibt mit dem Wind Giftgaswolken
über das Land und führt zum
unaufhaltsamen Untergang.

Jedes mal,
wenn Bomben fallen,
sterben nicht nur die Spiele der Kinder,
auch die Liebe verbrennt,
wie die vergessene Glückseligkeit.
Die Liebe vergeht im Brand der Bomben,
treibt mit dem Wind die Feuerwolken,
verbrennt zu flüchtiger Asche das Land
und das Glück wird Vergangenheit.

Jedes mal,
wenn Bomben fallen,
werden Leben, Liebe
und Zukunftsträume
ausgelöscht.

Von Krupp bis Krieg

Schon die dicke Berta brachte den Tod,
und wir dürfen nicht vergessen,
gefertigt wurde sie von Krupp in Essen
und der Krieg wurde fürchterlich
wurde zur deutsch-französischen Not.

Seitdem können Kanonen auf allen Seiten
Tod und Elend verbreiten.
Rüstungsindustrie streicht unbarmherzig
immer neue Milliarden ein.
Die Folge werden Kriege sein.

Damit sie sorglos leben kann
wäscht Politik ihr die Weste rein,
dass das gelingt muss sie dann
Honig um manche Nase streichen.
Mit Demokratie ist das nicht zu vergleichen.

Die Menschenrechte sind
der Rüstungsindustrie nicht wichtig.
Darum ist folgende Meinung richtig:
Die Rüstung muss man nicht schonen,
das wird sich am Ende lohnen.

Am besten ist es – kurz und knapp,
man schafft die Rüstung einfach ab.

VERBRANNTE WERTE

Die Zeit verschleißt
Leben, verändert Schönheit,
lehrt Erfahrung,
planiert Liebe ein,
und was noch bleibt, wird auf Dauer
zu Trauer und Missgunst,
zerstörend,
sich ausbreitend mit Böswilligkeit,
nicht achtend die Menschlichkeit,
sperren wir unsere Werte, Liebe,
Menschlichkeit, Treue und Freundschaft
in eine Kiste und verbrennen
alles im Feuer des Untergangs:
Sollen unsere Werte in einem riesigen
lodernden Flammenmeer verdampfen,
strahlend wie ein Funkenregen,
der verlischt,
sollen die Menschen sie in mutiger
Friedensarbeit wieder erneuern,
die wunderbaren Werte,
die niemals verbrennen und die
dennoch verbrannt werden.

LEHREN DER ERINNERUNG

Man erinnert sich an das alte,
mühsam aufgebaute vergangene Leben;
ja, so war es:
enttäuscht, von vielen Niederlagen,
und der Menschen Uneinsichtigkeit,
möchte man verzweifeln, weil es so dumm ist;
in friedlicher Welt will der Mensch
es sich gut sein lassen,
und fällt doch immer wieder
nur in die Dunkelheit der Geschichte,
in die alten, beschränkten Muster zurück,
ob er gelernt hat, etwas zu erkennen,
zu vergessen, zu verdrängen, und zu
verleugnen,
als ob es nicht so wichtig ist,
dass die Zukunft ihn gebrauchen
oder ihn etwa nicht gebrauchen wird
mit ihren ungelösten Problemen,
Klimawandel und zerstörende Kriege.

friedenszeit

wenn es endlich dezember
das weihnachtsfest nicht mehr fern
wo man allen streit vergisst
die menschen haben sich gern
erstaunlich
es wird friedensfest genannt
weil immer wieder hoffnung erwacht
doch kriege immer noch nicht verbannt
obwohl sie nie frieden gebracht
vergessend
verfolgte hungernde ertrinkende
die niemand vergessen kann
und die doch vergessen werden
das erinnernd denket daran
in friedlichen stunden beim
friedensfest

vision

friedlich nicht zerstört
friedlich ist das land
friedlich – trotz der unterschiedlichen
ideen und meinungen
strahlen wird es ohne kriegsgeschrei
von dem es bedroht in vergangener zeit
durch dummheit und grausame führer

in den häusern werden
fröhliche kinder sein
und die liebe wird uns umfangen
wie blütendüfte im frühling
unter der liebe erstirbt der hass
sanft wird die zukunft
lasst uns die hoffnung

Politik/Umwelt/Flucht & Pandemie

UMKEHRSCHLUSS

Ich, der ich nichts mehr will,
als die herrschenden Verhältnisse ändern,
hasse auch nichts mehr als
die Verhältnisse der Herrschenden!

HASS

Hass ist wie eines Feuers Brand
Flammen lodern und züngeln
im unheimlichen Orcus
in dem die Liebe verbrennt
zu flüchtigem Staub.

nie mehr eine große koalition

herrlich - die große koalition zu ende
die faulen kompromisse sind aus
sie brachten für das volk keine wende
im parlament – im bundeshaus

wähler liefen in scharen davon
- nie mehr eine große koalition -

politiker und lobbyisten sind brüder
denen fällt für das volk nichts ein
gier nach macht vereint sie immer wieder
sie wollen an den schalthebeln sein

belügen das volk mit falschem ton
- nie mehr eine große koalition -

und wenn ihr doch regieren wollt
müsst ihr fürs volk alles besser machen
keine angst wenn das kapital grollt
ehrliche politik besiegt diesen drachen

überzeugt sind eltern tochter und sohn
- nie mehr eine große koalition -

habt ihr bei den wahlen versprochen
für das volk da zu sein überall
kommt nicht mit kompromissen gekrochen
das wäre der allerschlimmste fall

von eurem versprechen bliebe nur hohn
- nie mehr eine große koalition -

sozialer heiligenschein

das lob der sozialen marktwirtschaft
verbirgt den ungezügelten kapitalismus
der keine soziale gerechtigkeit schafft
sozialpartnerschaft heißt der pferdefuß

gewinne privatisiert – verluste sozialisiert
und bei der rettung der banken
weist der staat mit neoliberalismus
die demokratie in ihre schranken

der lebenstandard ist sehr gut
tönen alle die nicht unten sind
sie wollen nichts wissen von altersarmut
und sie kennen kein armes kind

mangelhaft die bildungspolitik
das system ist nicht perfekt
lehrermangel lautet die kritik
weil recourcen mächtig abgespeckt

dumpinglöhne und mindestlohn
lohnkürzungen an allen enden
das märchen vom gerechten lohn
soll die betroffenen blenden

armutsfeste renten sind illusion
das sparprogramm ist sozialabbau
pflegenotstand als folge davon
für alte und arme ist die zukunft grau

bonner zeiten

damals schon waren schlapphüte zu seh'n
wir kämpften gegen notstandsgesetze
gegen rüstung – krieg – und atom
polizeischikanen konnten wir übersteh'n

im hofgarten wurden 300.000 geseh'n
die größte demo für den frieden der welt
es folgte die einschläferung des volkes
das konnte die friedensbewegung nicht
überste'n

schreie laut

lege den finger in die wunde
schreie laut
bleib nicht stehen
in vermeintlicher neutralität

vielleicht solltest du dich verbünden
mit den gequälten
dann siehst du das elend
und wirst eins mit den menschen

und wer mit dir geht
lässt sein altes leben zurück
es ist leichter zu gehen
wenn du freunde hast als wenn du allein
wenn du stark bist als wenn du schwach

sieh den fortschritt wachsen
sei mutig – halt an dir fest
du bist ein teil von ihm
auch du wirst dabei sein

es lohnt sich mitzugehen
mit den unterdrückten
wenn der sturm beginnt
der das unrecht
ninwegbläst

sozialistische schriftsteller

die idee ist es
sich zu vereinen
über kapital und arbeit schreiben
gegensätze nicht verneinen
sich nicht im Widerspruch zerreiben

die idee ist es
nicht einzeln bleiben
nicht alleine kämpfen müssen
vom freundlichen sozialismus schreiben
von blumigen und poetischen genüssen

die idee ist es
dass sie deutlich sagen
dass sie politisch und friedlich sind
dass sie sich stets hinterfragen
ob sie sozialistische schriftsteller sind

MEINE ROTE HEIMAT

Verlorene Heimat, blutrote Hoffnung,
wie konntest du es zulassen, dass ich verbittert
bin?

Ich suche dich, und kann dich nicht finden,
dein Haus ist verschwunden, das Licht ist
gelöscht.

Die Alten frag ich, wo sind die Genossen?
Sie suchen die Quellen der Erkenntnis.

Und, was haben sie gefunden?
Warum schweigen sie?

GENOSSE, UNSERE WELT

Genosse, mein Freund...unsere Welt...
komm her.
Ach, mein Freund, warum ging sie verloren?
Warum verriet sie uns, mein Genosse?

Zerstört hat sie die Selbstsucht,
die Selbstsucht, die verdammte.

Erst wenn alle Wasser sie gewaschen,
werden die Meere rot.

ERWACHE RATIO

Dort, wo flossen ruhiger Fluss und wilder Bach,
und die Lachse zur Quelle aufstiegen,
spekulieren jetzt die Heuschrecken um das
Land,
sterbend schwimmen die toten Fische zurück.

Dort, wo die Menschen in Frieden lebten,
sich halfen und wo keiner leiden musste,
lassen Soldaten jetzt die Menschlichkeit liegen
und bejubeln ihre falschen Siege.

Dort, wo Natur die Mutter für das Leben wurde,
und der Liebe Ergebnis ein Segen war,
transportieren jetzt Güterzüge und Lastkähne
tote Fische, Panzer, Kanonen, Flüchtlinge.

Erwache, Ratio, in der Hängematte des
Mammon,
auf dem Altar des Kapitals, wache auf!

L'ARROGANCE
Die Überheblichen

Als wir
in parteilicher Überheblichkeit
unsere wichtigsten, revolutionären Werte
untergehen sahen,
schien es unbegreiflich,
dass wir so leichtfertig waren,
die Volksdemokratie aufzugeben,
als wären die Erfolge der Revolution
auf Jahrmärkten zu kaufen.

WAS IST SCHLECHT AM SOZIALISMUS?

Wer kommunales Eigentum verkauft,
enteignet das Volk.
Wenn das Volk das umkehren will,
schreien Miethaie:
Rückfall in den Sozialismus!

Wer die Gewinne vergesellschaftet,
enteignet die Profitgeier.
Wenn das zukünftig gelingen wird,
fragen die Mieter:
Was ist schlecht am Sozialismus?

DIE NEUE ZEIT

Künstliche Intelligenz, Instrument der Macht.
Unsere Enkel leben in einer neuen Zeit,
Während wir in die Vergangenheit sinken

Die Zukunft wird von alten Herren gemacht.

Die neue Technik ist es nicht,
Nicht selbstfahrende Panzer,
Noch Raketen.

Künstliche Intelligenz, jedoch alte Rezepte
Und Fake News fressen die Wahrheit auf.

WER LAUT SINGT ODER PFEIFT

Wer im Dunkel durch die Straßen geht
und laut singt oder pfeift,
fürchtet sich,
und will doch mutig sein.

In den Unwägbarkeiten
der politischen Realität
werden Argumente oft
durch Fake News
verfälscht.
Das ist die Gefahr.
Wer sich fürchtet,
denkt nicht -
ganz gleich ob er singt oder pfeift!

MIETHAIE

Unsere Mitmenschen wird man vertreiben aus
den Wohnungen
nach kapitalistischem Vorbild.
Der Antisozialismus ist auferstanden
aus dem Schutt des Faschismus.
Die Spekulation wird die unschuldigen Mieter
verzehren.

EXPROPRIATION *(Enteignung)*

Nun, in Zeiten unbezahlbarer Mieten
kommen plötzlich Gedanken,
die so logisch sind,
dass wir uns wundern.
Plötzlich denken wir,
das ist so einfach und klar,
warum fällt uns das erst ein,
wenn das Kind schon im Brunnen ist?

Nun, wird zur Lösung der Misere
die Enteignung vorgeschlagen,
die so sozialpolitisch ist,
wie es das Grundgesetz fordert.
Plötzlich wird geschrien:
Rückfall in den Sozialismus.
Warum fällt uns jetzt nicht ein,
dass die Misere der Kapitalismus ist?

politik für das volk ist das nicht

muss schon wieder weihnachten mit covit sein
besuche werden streng eingeschränkt
auch der regierung fällt keine lösung ein
mit dem virus hat sie die freiheit abgehängt

wir werden weiter unter Masken schwitzen
der hände haut - vom waschen ganz dünn
während wir einsam zu hause sitzen
erwartend der fünften welle beginn

wenn in der gesundheitspolitik nichts passiert
dann liegt das nicht an der pandemie
wer die gesundheitsfürsorge privatisiert
erreicht die versorgung der menschen nie

impfgegner sind nicht alleine daran schuld
kriegsdienstgegner verhindern auch keine
kriege
herrschende politik wird zum staatlichen kult
und der profit feiert die größten siege

keine lösung

so löst ihr
die probleme nicht
selbst wenn ihr
an die grenzen kommt
ist eine freiheit
nicht wirklich vorhanden
eher eine fata morgana

ihr habt nicht bedacht
als ihr geflüchtet
mit euren ängsten
dass grenzen
schrecklich verschlossen
und abweisend sind

in den zielländern wächst
der hass bei denen
die brände legen
wider die menschlichkeit
aber eine lösung
ist das nicht

RAT DEM GUTEN MICHEL

Michel, schalte nicht das Denken ab,
die Dummheit ziehet dich hinab,
　　die Herrscher haben dich belogen.
Die Klugheit hast du abgestellt,
damit kein Aufruhr dich befällt,
　　die Knechtschaft sollst du loben.

Politiker sind gar viele bekannt,
sie alle kommen angerannt -
　　was denkst du was die machen?
Die Politik beschwindelt dich
die Unternehmer freuen sich
　　für dich sind's schlechte Sachen.

Wie hell strahlt die kommende Zeit,
du glaubst, es ist nicht mehr weit,
　　dein eigenes Schicksal zu lenken.
Wann wird es endlich besser sein,
wann stellt sich die Klugheit ein,
　　das Beste ist, selber zu denken.

Blinden Glauben hast du verloren,
ein neuer Michel wurde geboren,
　　ein Kämpfer für Freiheit und Recht.
Über dir ist kein herrschender Boss
kein König aus einem alten Schloss,
　　oder verfaultem Geschlecht.

Ja, halt dir deine Augen auf,
bleib wach, mein Michel, achte drauf,
nie wieder einzuschlafen...

WAS MICH AUFFÄNGT

Die Stimmung ist so eiskalt,
dass es mich verbrennt.
Eure Argumente sind uralt,
ihr habt den Fortschritt verpennt.

Das Klima wird immer schlechter,
doch niemand stört sich daran.
Die Welt wird immer ungerechter,
Profit führt in den Untergang.

Da wird Freundschaft zum Sprungtuch
und baut mir Sicherheit auf,
sie hilft gegen Hass und Fluch,
wenn ich falle, fängt sie mich auf.

AN DIE HÄUPTLINGE DER WELT

Ihr müsst Verantwortung übernehmen,
die Welt retten.
Wenn ihr klug seid,
wird die Unvernunft schwinden.

Hört – die ihr den Untergang
verhindern könnt,
wenn die Vernunft überhand nimmt,
werden die Menschen endlich
ihre Welt in Besitz nehmen.

fluchtgründe

krieg wird zum fluchtgrund
wenn auf schlachtfeldern
leichen dicht bei dicht
gestorben im zerstörten land
denken die überlebenden
dass flucht alternativlos ist

hunger wird zum fluchtgrund
wenn tötlicher mangel
zuerst die kinder trifft
und sie vor hunger sterben
wird den eltern bewusst
dass flucht alternativlos ist

ihr sollt ihr selbst bleiben

wenn die flucht beginnt
werden die menschen sich verändern
freund oder feind nicht mehr kenntlich sein
doch ihr sollt euch unterscheiden

ihr dürft auf der flucht die würde
und die hoffnung nicht verlieren
seid ernsthaft aber nicht unterwürfig
und ihr sollt nichts verdrängen

ihr werdet ablehnung erfahren
wie eure schwestern und brüder
ihr werdet das aushalten müssen
und sollt doch menschlich bleiben

BARBAREI

Das ertrinken
von Menschen
soll stiller ablaufen
als ihre Rettung.
Milliarden Euro
werden ausgegeben
um die Seenotrettung
so zu vermeiden,
dass das Überleben
ein Wunder bleibt.
Damit will man Flüchtlingsströme
unterbinden.

Warum sollten
solche Handlungen
nicht auch das Ende
der Humanität
erklärbar machen?

krisenmanagement
frei nach bertolt brecht

die politiker
haben sich im kanzleramt versammelt
volk in deutschen landen
lass deine hoffnungen fahren

die regierungen
schreiben pandemieverordnungen
betroffene
schreibt euer testament

das systhem an sich ändern
Nach Greta Thunberg im Dezember 2018

wir werden unsere welt vergiften
was nötig ist das tun wir nicht
auf kosmetik können wir verzichten
steigende themperatur ist das gift

wir müssen unser verhalten ändern
wirtschaftswachstum darf nicht alles sein
hier bei uns wie in anderen ländern
und das sofort nicht nur zum schein

profit muss dem gemeinwohl dienen
der mehrwert muss für alle sein
ist das systhem auf falschen schienen
richten wir neue gleise ein

wenn das bestehende system versagt
wenn es kollabiert und zusammenkracht
muss gelingen was greta thunberg sagt
den menschen gehört die wirkliche macht

WELTENDE

Die Klimaforscher der Welt,
ihrer ständigen Mahnungen müde,
haben,
weil sie die Politik nicht
von der notwendigen Rettung der Welt
überzeugen konnten,
angefangen ihre Mahnungen
den Menschenaffen
zu übermitteln.

Nach sorgfältiger Auswertung
der Gehirnströme der Primaten,
stellten die Forscher fest,
ihre Mahnungen wurden verstanden.

Was nun -

sollen die Menschen die Welt
den Affen überlassen?

an die regierenden

dass ich die pandemie aushalte
trotz eurer unverständlichkeit
dass ich den verordnungen
mit knirschenden zähnen folge
und immer wieder
dem prinzip hoffnung vertraue
ist nur
meiner angst geschuldet
der angst vor der priorisierung
eurer politik
in der lobbyismus
wichtiger scheint
als das leben der menschen

LOCKDOWN
frei nach Erich Fried's „EUROPA"

Lockdown
was ist das?
Das was die Politik so nennt
Oder was das Leben hemmt
oder ist es ganz anders?

Lockdown
was ist das?
Weitreichende Verbote
doch alle wollen frei sein
aber dürfen sie frei sein?

Lockdown
was ist das?
Das ist die geschlossene Gesellschaft
Alle wollen normal leben
aber lässt man sie leben?

Lockdown
was wird die Folge sein?
Unterstützung und Milliardenhilfen
für die große Industrie
aber wird Gerechtigkeit noch sein?

Lockdown
wird sich weiter ausweiten
oder es kommen bessere Zeiten;
Politik wird Totengräber sein, oder
das Land wird ohne Lockdown sein

DIVIDENDE UND KURZARBEIT -
GEHT DAS ZUSAMMEN?
Nach einem Zeitungsartikel in der WZ vom 18.04.2020

Wenn Dax-Unternehmen Gewinne machen,
Kurzarbeiter weniger Lohn bekommen,
Aktionäre über hohe Dividende lachen
wenn das Recht ist, dann ist es verkommen.

Wenn die Menschen in Krisen leiden,
Politik Milliarden für die Wirtschaft ausgibt,
sollen Verbote Widerstand vermeiden,
damit jeder den Kapitalismus liebt.

Wenn Menschen unter Quarantäne stehn,
muss man dann Atombomber kaufen?
Wenn Gesellschaft und Kultur untergehn,
will Rüstungspolitik um die Wette laufen.

Aktionären winken Milliarden Dividenden,
Millionen Menschen droht Untergang.
Reiche bekommen die größten Spenden.
Und wer im Land ist Schuld daran?

Natur & Heimat

Frühlingszeit

wenn frühnebel aus dem tale steigt
die tröpfchen am grashalm blinken
die sonne ihr goldenes strahlen zeigt
dann sollten wir den frühling trinken

wenn blühend jede knospe aufbricht
entstehen schöne lebendige bilder
nasse schieferdächer im sonnenlicht
glänzen herrlich wie flüssiges silber

wenn am feldrain die lerchen singen
und die bauern die frucht ausgesäht
auf den wiesen lämmchen springen
werden die satten wiesen gemäht

wenn der frühnebel nicht mehr steigt
die grashalme hören auf zu blinken
die sonne ihre größte hitze zeigt
wird frühling im sommer versinken

OSTERN

Frühling naht, die Tage werden länger.
Der Schnee schmilzt in der Sonne.
Die Schafe bekommen süße Lämmer,
das zu seh'n ist Glück und Wonne.

Die Hasen schleppen bunte Eier.
Wenn das Huhn seine Eier vermisst,
beginnt im Land eine große Feier
und jeder erkennt, dass Ostern ist.

HERBST

Halte dich fest
an den Erinnerungen.

Abgeerntete Felder
duften noch nach Sommer,
und die Natur
duftet nach Leben.

Bald färbt der Herbst die Bäume
in den Wäldern schön bunt.
Wenn Zugvögel am Himmel sind,
wird die Luft kälter.

Der herrliche Zug der Kraniche,
pfeilförmig geordnet,
flieht vor dem Winter
in die Sonne.

die stille der nacht

ich finde es schön wenn es still ist in der nacht
es ist dann als würde meine erinnerung fließen
meine ohren so scheint es gebrauche ich nicht
und ich kann die nächtliche stille genießen

was ich höre sind meine verlorenen gedanken
sie öffnen mein inneres mein wesen
wenn sie wie falter taumeln und schwanken
kann ich mit ihnen in meiner seele lesen

mir geht es gut wenn ich ohne störung denken
kann
es wird mich zu tiefen erkenntnissen führen
und wenn ich erkenne wer ich wirklich bin
kann ich das glück und die liebe spüren

alles was stört soll schwinden und stille sein
so höflich und ruhig wie ein guter geist
dann werd ich neu geboren und stelle mich
darauf ein
dass die erinnerung der nacht - in die zukunft
weist

sommerabschied
föhr, 4. september 2019

pausenlos treiben die regentropfen
quer über das fensterglas
die kiefern am deich schwanken im sturm
das graue meer steigt
in den gleichfarbigen himmel
der horizont löst im dunst sich auf
die temperatur lehrt mich das zittern
die promenade glänzt
im regen wird der sand am strand ganz fest
die pflanzen stillen ihren durst
die rinder auf den nassen wiesen
ruhen sich aus
insulaner erholen sich von den touristen
der sommer verabschiedet sich
die insel kommt zur ruhe
kehrt zurück zur normalität
ohne touristen sind die insulaner
menschen wie du und ich

aus meinem fenster

geht mein blick zum fenster hinaus
kommt der garten zum fenster herein
bunte blumen
summende insekten
die für die bestäubung sind

bauerngarten
in dem geister ins leben treten
zwischen sräuchern
tanzend
durch blumenbeete
in leuchtender sonne

meinen platz verlassend
am friedlichen fenster
in den garten tretend
sträucher - blumen - düfte
träume aus farbe und licht

bergwandern

zum wandern gehts ins gebirge
auf eine hütte hoch oben am berg
gefertigt aus dem holz der zirbe
ohne zweifel ein solides werk

sie steht am rauschenden bach
alpenrosen blühn auf der wiese
kiefernzweige reichen aufs dach
der Alpstock dahinter ein Riese

und eine brotzeit packe ich ein
freunde haben sich eingefunden
brot und käse und roter wein
werden vorzüglich munden

über die almen geht es sacht
durch lichten wald wandern wir
auf den adler gibt das murmeli acht
zahlreich die gamsen im revier

müde die füße wach der kopf
wandern stärkt unsere seele
wir packen das leben beim schopf
ein lied springt in unsere kehle

im kamin das flackernde feuer
sanft leuchtet der kerzen schein
gute freunde die mir teuer
knisternde flammen hüllen uns ein

felsenberge sind unser gemäuer
wiesen und wälder unser glück
sind auch berge nicht immer geheuer
wir kehren doch immer zurück

herbst 2

der bäume blätter werden bunt
wir freuen uns am farbigen herbst
und doch macht eine unbestimmte furcht
sich in unsern herzen breit
vor des winters einsamkeit

die gemeinschaft die uns umgiebt
ist uns wärme familie und schutz
jahreszeiten drehen sich
im kreislauf des lebens
und zeigen in herbstlicher zeit
vergänglichkeit

ES WIRD ZEIT

Obwohl du
nicht jünger wirst,
scheint kein
Wässerchen dich zu trüben.
Dein Ego,
dein Rückzugsgebiet
hat dir zwar
immer Schutz gegeben,
jedoch deinen
Sinn für das Leben
geschwächt.
So fliehst du
immer wieder
alle Schwierigkeiten.
Das musst du
endlich beenden.
Es wird Zeit.

sommer

wenn flimmernde hitze brütet
ist es gut unter schattigen bäumen zu sitzen
oder sich von guten geistern behütet
vor wind und gewitter zu schützen

gerste hafer weizen und mehr
bilden in praller reife den himmelsrand
es bläst der wind ein wellenmeer
wie ein dämon übers getreideland

störche fischreiher und wiedehopf
ringeltauben und noch tausend arten
fliegen ganz leicht über unseren kopf
wollen nicht auf den winter warten

ameisen schleppen körner nach haus
bienen spenden süße speise
spinnen weben ihre netze aus
hier endet so manche insektenreise

heuschrecken zirpen im wiesengrund
immer mehr in lebensfroher fruchtbarkeit
und die erde die so schön und bunt
bebt im takt der prallen sommerzeit

IN DEN BERGEN

Tiefgrüne Wiesen
klettern den schroffen Felsen zu.
Steinadler
fliegen majestätisch über die Gipfel.

Wolken schweben
über von Sonne beleuchtetem Land.
Eine bunte Welt,
zwischen Latschenkiefern,
durchbricht der Gedanken Tristesse,
und verwandelt Trauer in Glück.

Das Jahr wandelt sich
nach Frühling, Sommer und Herbst
steht der Winter auf.
Die Bergwelt erwartet den Schnee.

Der Frost beißt.
Leise fallende Flocken
bedecken das ganze Land.
Die Natur in weiße Betten gepackt
legt sich schlafen,
um auf den Frühling zu warten.

Die Kinder lachen
und trotzen dem Frost.
Der Winter hat Schnee,
wie der Sommer das Heu.
Und der Frühling macht alles neu.

was mich am meer berührt

der wind wiegt den strandhafer in den dünen
weißer sand der die sonne verspürt
auf dem deich grasen die lämmer
und möwen kreischen im flug
und ich erkenne was mich berührt

ich höre die brandung - die wellen rauschen
sehe wie die woge ihre krone entführt
plötzlich schmecken die lippen salz
in der luft spannt sich die haut
und ich spüre was mich berührt

ich liebe es das lebende meer zu schauen
der salzwiesen eigenart mich verführt
sturmgebogene kiefern am deich
die alten häuser mit reet gedeckt
das alles ist es was mich berührt

HEIMATLAND

Was ist das denn, ein Heimatland -
wo finde ich's, wo ist es,
wer wohnte dort in meiner Jugend,
wen kenn ich noch, wer ist es?

Was weiß ich denn vom Heimatrevier?
Seine Schönheit, seinen Kummer,
ich erinnere mich nur sehr vage
Freunde treffend denke ich wir.

Was sagt es mir, mein Heimatland?
Weil ich nicht für es brenne,
hält es mich für fremd,
traurig, dass ich es nicht kenne.

Und hätte ich kein Heimatland,
ich denke, dass das nicht geht,
dann wäre ich ein armer Tropf,
der wurzellos im Nirgendwo steht.

Und was ist das denn, ein Heimatland?

Was ist das denn, ein Heimatland,
ist es für mein Dasein gut,
macht es, wenn ich traurig bin
am Ende neuen Mut?

Ist es ein Ort, wo man sich
gut aufgehoben fühlt,
eine Welt, die mich schützt
und allen Schmutz abspült?

Möchte ich an diesem Ort
in guten und in schlechten Zeiten,
mit Liebe und in Sicherheit,
durch meine Heimat schreiten?

Mag mich denn meine Heimat auch,
wie werd ich sie erleben,
wird sie mir ohne Widerspruch
Unterstützung geben?

Und was ist das denn, mein Heimatland?

Ist es genug zu Haus zu sein
wenn man die Heimat nicht geborgt,
was ist wenn diese Heimat mich
nicht wie es nötig ist versorgt?

Und sollte ich nicht ohne Rast,
die Heimat selbst gestalten?
Damit künftiges Leben ohne Last,
müsste ich es selbst verwalten?

Ist das noch, mein Heimatland
in diesen trostlosen Zeiten?
Müssen wir nicht immer noch
um unsere Rechte streiten?

Ich denke nicht an die Kinderzeit,
an Freunde und verlorene Orte,
die Wiesen, der Wald, die Träume,
und die vergessenen Worte.

Nur diese missbrauchte Heimat,
ich kann nicht von ihr lassen.
Ich will sie trotz all ihrer Fehler, immer noch
lieben - nicht hassen.

PHILOSOPHISCH

„Ich, der ich nun gestorben, ein später Dichter,
bin ohne Hass von euch gegangen.
Und euch, die ihr lebt,
sollte es, wenn ihr je geliebt habt,
nicht schwerfallen zu sagen:
Er war einer von uns".

was ist die erkenntnis

ich wandle mit den jahren
die haare färben sich weiß
diese erkenntnis ist nicht neu

aber ich möchte erfahren
was kalt ist oder sehr heiß
was bedeutet eigentlich treu

ich weiß dass ich neugierig bin
schon als kind trieb mich das an
immer wollte ich alles wissen

noch im alter setz ich mich hin
und arbeite fleißig daran
meine fragen nicht zu vergessen

will mutig in die zukunft fahren
ist es auch mühe und schweiß
alle fragen starten das leben neu

ich wandle mit den jahren
die haare färben sich weiß
manche erkenntnis ist doch neu

ein schlechtes buch

du sammelst nur enttäuschungen
im buch deiner erinnerungen

das ist ein schlechtes buch - in dem du liest
ein buch in dem kein glück beschrieben
berichtet von der dunkelheit
die nicht erhellt wird
in gestorbenem leben

WELTBÜRGERS GEDANKEN

Wenn ich die vielen Wege
in der Welt
die ich schon gegangen,
in Träumen vor mir sehe,
hell leuchtend im
Sonnenlicht.

Wenn die Landschaft
bunt erblüht,
mich aus dem Hause lockt
und mir farbenfrohe,
bezaubernde, Bilder
schickt.

dann beuge ich mich voll Demut
der Mutter Natur
und die Überzeugung,
wird Wahrheit sein, dass
überall auf der Welt
Heimat ist.

WAS KEIN FREUND IST

Ich dachte, du wärest ein Freund,
doch dein Verhalten ist egoistisch
und ohne Respekt.
Nie fragst du mich
nach meinen Wünschen,
außer es nützt dir.

Ich bemerke, du bist überheblich,
ein Narziss ohne Empathie.
Was du willst
setzt du kompromisslos durch.
Deine Meinung
ist alternativlos.

Wer das nicht akzeptiert
ist dein Feind.
Wer dir nicht zustimmt,
ist gegen dich.
Du bemerkst es nicht,
selbstverliebt und kritikresistent
bist du ein purer Egoist.

Dass du dich für unfehlbar hälst,
sagt mir nur,
dass du in Wahrheit nichts verstehst.
Dein Ego ist,
in der sozialen Wirklichkeit,
ohne Bedeutung.

Werde sozial,
liebevoll und geduldig.
Lerne von den Alten,
sie haben Erfahrung.

Höre geduldig zu,
wenn du mitreden willst.
Lass den Zweifel zu,
er ist der Geburtshelfer der Wahrheit.

Achte andere Meinungen,
sie könnten richtig sein.
Sei dir gewiss,
dass es manchmal noch Klügere gibt.

Nur, wenn du das niemals vergisst,
bist du ein wirklicher Freund,
So, wie du jetzt noch bist,
bist du kein Freund!

DER PHILOSOPH

Mit zitternden Händen
hält er das Cognacglas
in die sanft strahlende Sonne,
die durch das Fenster in die Stube scheint.
In seinem Kopf fliegen
wirre Gedanken herum
und bringen sein Bewusstsein
in Unordnung.

Doch seine Gedanken
finden in der Unordnung
anregende Inspirationen für seinen Geist.
Er entwickelt neue Ideen.
Worte, bevor sein Mund
sie aussprechen kann,
beschreiben im Kopf schon
seine ideale Welt.

was ist wenn der durst gelöscht?
Nach einem Bild von Bernhard W. Mueller

augen gealtert im jungen gesicht
die not der welt im bangen blick
fließendes wasser in glitzernder gischt
durst zu löschen ist lebensglück

im gesicht ist angst zu sehen
eingebrannt sind narben der geschichte
das alles ist schwer zu verstehen
unmenschlichkeit schreibt keine gedichte

hält das perlende wasser ihn fest
oder greift er nach einem halt
genießt er des wassers letzten rest
und wird er ohne angst alt?

WOFÜR

Wer findet,
weiß
nicht immer
was er gesucht hat.
Er fragt sich,
was das ist und
wofür?

Wer findet,
erlebt
was er nicht
zu finden erwartet.
Er fragt sich,
was das ist und
wofür?

Er sucht,
sich selbst.
Was er findet
sind seine Probleme.
Er fragt sich
was das ist und
wofür?

Er sucht,
Lösungen.
Und er findet
Ausgleich und Muße.
Er erkennt,
was das ist und
wofür!

DER GROSSE SCHWÄTZER

Der große Schwätzer nervt,
und was aus seinem Maul quillt,
ist Geschwafel, eine prasselnde Dusche,
rauschend auf die Seelen der Menschen,
auf die Dächer der Häuser,
auf die Enttäuschten und Belogenen,
auf die Gesamtheit der Beschwernisse.

Wer ist er? Was sagt er?

Zerstörend ist er, ein stinkender Fluss,
der herunterrauscht
wie aus einem gebrochenen Rohr,
und die überraschten Menschen,
ohne Schutz,
hören ungläubig den Redeschwall,
mit dem die Vernunft überflutet wird
und die Dummheit
wie eine Lawine unaufhaltsam fließt,
und die Köpfe überlaufen lässt,
ertränkend Zuversicht, Hoffnung und
Gedanken.

Vernunft ist nicht erkennbar. Wo
lauern die Gefahren?

Was ist los in der Welt?

Der große Schwätzer nervt
und sagt nichts, er schwätzt.

Was bedeutet das?

AUSWEG

Wer keinen Ausweg sieht,
sucht einen.

Was findet er dann?

Wenn es schlecht geht,
dass er keinen Ausweg sieht!

Wenn es gut geht,
dass er selbst der Ausweg ist!

Wer einen Ausweg sucht,
muss das Ziel kennen!

Wer das Ziel kennt,
findet einen Ausweg!

PRIMUS INTER PARES

Er übernimmt Verantwortung
bei allen möglichen Problemen.
Seine Gedanken teilt er
mit allen Betroffenen.

Alle die mitarbeiten
bindet er ein, in seine Überlegungen.
Nur wenn er unsicher ist,
verdunkelt sich manchmal
sein offenes Gesicht.

Aber jeder weiß alles
von seinem Leben.
Er verschweigt nicht
seine Fehler.

Einzig seine Familie
ahnt manchmal
was es bedeutet -
Erster unter Gleichen
zu sein.

mein schatten und ich

mein schatten kann mich nicht verlassen
nie kann ich ohne ihn gehen
auch in der dunkelheit ist er nicht zu fassen
er ist nicht weg – doch man kann ihn nicht
sehen

tageslicht heftet mir den schatten an
im sonnenschein wird er mein zweites ich
stehe ich still dann verharrt auch er
er ist der anhänglichste begleiter für mich

der schatten oft nicht meine größe hat
wenn die sonne am höchsten steht
ist mein schatten ganz klein
am größten ist er wenn der tag vergeht

sollte einst der schatten sich von mir lösen
seine konturen werden sonderbar weich
dann folge ich dem vertrauten begleiter
ohne bitterkeit in sein schattenreich

LIEBE

anfang

ein wohliges zittern unter der haut
warmer wind streichelt sanft die gräser
sonne wandert am himmel entlang
und heiß ist der plötzliche blitz
der in meinem herzen brenn
und immer lauter schlägt es dann
kein glockenklang klingt so gut
der sommer macht mir mut
und die hoffnung wir riesengroß
unser glück
die liebe geht los

böse worte

meine bösen worte
die dich überfallen
wie wilde sturzbäche
und deine seele überfluten

sie kann nicht zurück
die nasse kälte
als sei das geschehene
ohne emphatie

riechst du meine angst
den kalten schweiß
vergehend auf meiner haut
wie schnee in der sonne

sichtbar meine furcht
vor ungeweinten tränen
ich fürchte mich
vor meiner wut

aufhalten die sturzbäche
meiner bösen worte
dass sie nie mehr fließen
und deine seele überfluten

abwesenheit

die einsamkeit deiner abwesenheit
ich liege im bett – alleine
erinnere deine gegenwart
als sei es gestern gewesen
nicht schon vor langer zeit

halte ich die augen geschlossen
dann kann ich bei dir sein
in dunkler nacht
in der stille deiner abwesenheit
schreit meine einsamkeit

welch große trauer
nach dem du gegangen
diese endlose abwesenheit
schrecklich der abstand
zwischen uns

MEIN HERZ KLOPFT

 Mein Herz klopft
wie ein Dampfhammer
wenn du in meiner Nähe.

Deine Blicke ein Streicheln
auf meiner Haut.
Die Schmetterlinge fliegen.

Du breitest deine Arme,
mich zu empfangen.
Immer
ganz fest zu halten
unsere Liebe.

amors pfeile

wr laufen mit der liebe
über eine wiese
hand in hand

das blut rinnt dünn
leicht fließend
durch unsere herzen
sonniges lachen
leuchtende Augen
zukunft

glückliche zweisamkeit
auf blühender wiese
fröhlich winken
umarmen und
küssen

so laufen wir mit liebe
gemeinsam
durch unser leben
entblößen die herzen
für amors pfeile

schmetterlinge im bauch

zarte weiche atemzüge
streichen über mich hin
wie schmetterlinge
meine herz berührend

will deine haut atmen
deinen besonderen geruch
der aus der blütenfülle
deiner poren dringt
der duft blühender wiesen

augen wie sterne
weisen mir strahlend den weg
gleich den holzspänen
einer schnitzeljagt
die mich zuverlässig führen
dich zu finden

hab dich gefunden
im zarten weichen wind
als verliebt taumelnder falter
folge ich betörendem duft
spüre voller glück
schmetterlinge

aufwachen

wie ein kuss von weidenkätzchen
zärtlich weich und warm
duftend aus offenen blüten

wie ein bruchteil der zeit
im erwachenden morgen
aus dunkelheit zum sonnenlicht

du ziehst die tiefe der nacht
von meiner haut
ganz vorsichtig – noch warm
damit ich nicht erschrecke
so schlaftrunken
wie ich bin

ich fühle mich geborgen
wie eine blume
in blühender wiese
oder die wolken
unter der sonne

dann endlich entlassen
aus morpheus armen
wünsche ich mir
behütet aufzuwachen
zu jeder zeit

freudentränen

heute sehe ich weiße wolken
im frühlingswind vorüberfliegen
es fallen klare tropfen nieder
so weich und warm
wie freudentränen

am horizont
ein bunter regenbogen
vom sonnenschein gemalt
unter uns das gras zerdrückt
der blick schweift in den himmel
will die sonnenstrahlen fangen
die freudentränen
trocknen auf unseren wangen

UNAUFHALTSAM

Unaufhaltsam
schwimmt mein Leben

wie die Gehzeiten der Welt,
steigt es noch oben,
oder fällt nach unten,
am Ende wird es vergeh'n.

Was ist in den Jahren gescheh'n,
manches habe ich vergessen,
niemals aber dich,
weil du ein Teil von mir.

Dieses erinnern an dich,
an unser Leben,
könnte in jedem Moment
zu Staub werden

und Vergangenheit sein.

maiennacht

in einer frühlingsmondscheinnacht
im viel besungenen monat mai
ist unsere liebe erwacht
ganz sanft und ohne geschrei

die liebe liegt schlafend neben mir
im selben bett wie ich
ich bin ganz nah bei ihr
das glück überflutet mich

und die gedanken fliegen vorbei
wie von schmetterlingen gemacht
im viel besungenen monat mai
ist unsere liebe erwacht

illusionen

strahlendes lächeln zu jeder zeit
mit blitzenden augen in dir vereint
ein solches bild macht den horizont weit
macht dass die zukunft hell erscheint

laut möchte ich fröhliche lieder singen
möchte unsere gänsehaut spüren
schönheit erkennen – in allen dingen
und dich am liebsten entführen

ich will mit dir in die sonne flüchten
jedem unglück aus dem wege gehn
versuchen die welt mit all ihren gesichten
mit der sonne des friedens zu sehn

AUS DEM LEBEN EINER ROSE

Ich bin eine Rose.
Ich bin in der Sonne geboren.
Mich schützen meine Dornen
und ich bin nicht allein.

Rosenscheren bestimmen mein Leben.
Doch meine Kraft geht nie zu Ende.
In meinen Wurzeln
schlummern schon neue Rosen.

Ich bin eine Rose.
Wende mich der Liebe zu.
Die Verliebten will ich verbinden,
damit sie in Liebe vereint.

Und wenn die Farben verschieden sind,
gleich ist immer die Liebe,
ob bei Regen, bei Sonne und Wind.

DAS HERZ

Das Herz engt mich ein
in meiner Brust ohne Licht.
Das Leben, dass sich mir zeigt
malt mein Herz
immer deutlicher.
Diesen besonderen Muskel
der Liebe

.

Die Menschlichkeit,
die es im Dunkel nicht findet
sucht nach dem Licht,
meine Hoffnung zu stärken.
Um den Hass zu bezwingen
entzündet es das Feuer
der Liebe.

MER DE BONHEUR *(Meer des Glücks)*

Blaue Blume – leuchtender Stern
in deinen Farben spiegelt der Himmel,
das Sternbild und den Sonnenschein.

Deine bunte Wiese – umschließt dich sanft.
Ich suche dich, schick mir ein Zeichen.
Einsam bin ich, ich finde dich nicht,
find keine Sterne vor dem neuen Tag.

Blaue Blume - Stern im „Mer de bonheur".
Amor, sende deine Pfeile,
finde das Ziel – das Glück im Meer.

Blaue Blume – Blüte meiner Träume,
komm zu mir, bevor vergeht die Nacht
muss ich dich finden, sonst geht es mir
schlecht.

Meine bunte Wiese – umschließt mich sanft.
Du findest mich, du kommst in mein Zimmer,
und wenn ich deine liebe Stimme hör,
dann beleuchten die Sterne uns,
und die Sonne, im „Mer de bonheur".

freundschaft

Wir haben uns ohne worte gut verstanden
mal klug und manchmal verträumt
zwischen uns keine zwietracht vorhanden
hast meine zweifel aus dem wege geräumt

ich sah dich viele bücher lesen
und konnte machmal deine weisheit seh'n
und bin ich einmal verwirrt gewesen
konnte ich am ende dich doch versteh'n

du gabst unserer freundschaft immer halt
kanntest kein zögern - kein schwanken
jetzt werden wir gemeinsam alt
und ich will dir von herzen danken

EINE STARKE FRAU

Von ihr wird bleiben:
Ihre süße Anmut,
in unserer oft unmenschlichen Welt.
Ihre sanfte Stimme,
das klingende Lied,
ihre Umarmung, mutig und stark.

Unvergessen
wird ihre Liebe sein,
ihre Hingabe,
ihr Verständnis für Kinder,
ihre duftende Haut,
frisch, samtig, zart,
leicht gebräunt vom Schein
der Sonne.

Erinnern wird man:
Ihre starke Zuneigung,
ihre Hilfe für Menschen in Not,
die wärmende Kleidung,
das tröstende Wort.
Immer mit liebendem Herzen,
das aufmunternde Lächeln,
ihren Lebensmut.

PERSÖNLICH

was mich stark macht

ich habe mich endlich entschlossen
ohne netz und doppelten boden
alles zu wagen
um ich selber zu sein

wissend um die kraft der solidarität
weiß ich genau
nichts wird mich zerbrechen

ICH WÜNSCHE MIR

Ich habe Wünsche, was mich berührt,
weil ich sie mir nicht erlauben kann.
Meine Gedanken, die mich verführt,
leiten mich jetzt zum Nachdenken an.

Ich bin Realist, schätze nüchtern ein,
Sparen liegt nicht in meinem Ermessen.
Ich schreibe sie auf und sortiere fein,
meine Wünsche, um sie nicht zu vergessen.

Und bleiben die Wünsche auch bis zuletzt.
Egal, in Wahrheit will ich nur glücklich sein.
Ich brauche Menschen und wünsche mir jetzt,
gute Freunde, denn ohne sie bin ich allein.

WIE ICH WURDE, WAS ICH BIN

Mein Freund, halte dich zurück!
Sei demütig immer - Mensch!
Das sagten mir Freunde und Feinde,
sie sagten es leise und ruhig,
oder rieten mir wütend und laut,
bis ich es nicht mehr hören konnte
und auf die ungewollten Ratschläge pfiff.
Alles ohne große Zurückhaltung begann
und in der Folge unverkennbar,
unausstehlich und maßlos wurde.
Ja, ohne Demut ohne Zweifel
und glücklich ohne Maß,
ein maßloser Rebell!

lustvoll

lustvoll süffigen wein trinken
wie flüssigen sonnenschein
und mit kross gebackenen
dunklem bauernbrot
würzig gereiften käse genießen
wird als dekadent bezeichnet

ich denke das trifft nicht zu
lustvoll - glücklich zu leben
ohne wein genossen zu haben
beschreibt einen zustand
den man seinem ärgsten feind
nicht wünschen möchte

INHALTSVERZEICHNIS

Günter Wülfrath ist 1941 in Wuppertal geboren.
Er legte nach vielen Jahren als Rezitator 2007
den Grundstein für die jährlich stattfindenden
Ronsdorfer Literaturtage „LIT.ronsdorf" in
Wuppertal und begann eigene Texte zu
verfassen.
Er schreibt vorwiegend Lyrik, Kurzgeschichten
und biografische Texte, die in diversen
Anthologien und Zeitschriften veröffentlicht
wurden.

2016 erschien der Lyrikband "Ich denke, also
bin ich" im NordPark-Verlag Wuppertal.
2018 erschienen bei BoD-Norderstedt die
Gedichtbände „Ewig um die Sonne kreisend
dreht die Sonne uns ins Licht" und „Mut zum
Genuss", und der Roman „Vom Workaholic zum
Sinnfinder". 2019 erschien der Gedichtband
„Trotz Alledem" und 2021 Gedichte mit dem
Titel „Ich lebe noch".

VOM WORKAHOLIC ZUM SINNFINDER

Von Fischerhude und Worpswede ins Blaue Land.
Begegnungen mit Künstlerinnen und Künstlern in Worpswede, Fischerhude, Murnau, und Kochel, ebenso wie das Zusammentreffen von Freundschaft und Liebe sind der Rahmen, in dem ein Workaholic seine Sinnlichkeit neu entdeckt.

Lassen sie sich ein auf die Malerei, die Natur, die Freundschaft, die wunderbare Liebe und auf das alle Sinne umfassende Leben.

Verlag, BoD-Norderstedt   ISBN: 9783752822106

EWIG UM DIE SONNE KREISEND DREHT DIE ERDE UNS INS LICHT

In diesem Bändchen sind 87 Gedichte und eine Kurzgeschichte mit Texten über die unterschiedlichsten Themen versammelt.
Es geht um Krieg, Flucht, Freiheit, Umwelt und Liebe und darum, was mit uns gemacht wird, oder was wir selber tun. Wenn Sie z.B. wissen wollen, was eine Utopie mit einem Sonnenaufgang zu tun hat, oder was in einem Garten passiert, finden Sie hier eine Antwort.

Verlag, BoD-Norderstedt ISBN: 9783752820041

ICH DENKE, ALSO BIN ICH (Gedichte)

Wir sollten die Gedanken, die uns besonders lieb und wichtig sind und von denen wir glauben, dass ohne sie unser Seelenleben wie der Schnee in der Sonne dahin schmelzen würde, zwar nicht in Jahrtausend alter Keilschrift schreiben, aber, sie in Worte fassen und in kostbaren Büchern unter bringen, um sie für alle Zeit zu konservieren.

Ob wir traurig, glücklich, zuversichtlich oder enttäuscht sind, immer haben wir Bücher, die unsere Trauer erleichtern, mit denen wir unser Glück teilen und unsere Enttäuschung in Zuversicht verwandeln.

Nord Park Verlag Wuppertal   ISBN: 9783943940268

MUT ZUM GENUSS   (Texte über den Genuss)

Nutzen sie jede Gelegenheit, bei einem Glas Wein, bei der Betrachtung eines Bildes, beim fühlen des Windes auf einem Berggipfel, beim Geruch gemähter Wiesen und duftender Kiefernwälder, beim Anblick fröhlicher Kinder, bei allem was ihnen Freude bereitet, und nicht zuletzt beim genießen der Liebe, mutig zu sein und sich mit Genuss zu belohnen.

Verlag, BoD, Norderstedt ISBN: 9783748181910

TROTZ ALLEDEM (Politische Texte & Gedichte)

Damit der Zukunft Feuer brennt
und wir auf erreichte Ziele stolz.
Dass jeder seine Aufgabe kennt,
loderndes Feuer braucht gutes
Holz!
Wer den Kapitalismus als so
natürlich betrachtet wie zum
Beispiel dass Regen nass macht
kann eine Revolution wenn sie
einmal kommt nicht als unnatürlich bezeichnen

Verlag, BoD, Norderstedt ISBN: 9783749451722

ICH LEBE NOCH (Gedichte)

In diesem Band sind 120 Gedichte
in 11 Themengruppen versammelt.
Es geht um Krieg & Frieden, Flucht,
Faschismus, Politik, auch in
Coronazeiten, ein bisschen
Philosophie ist auch dabei, genau
so wie Umwelt & Natur und
Blitzlichter, Persönliches und
Sagenwelten und zum Schluss
noch Texte über Heimat und Liebe.

Meinen Eigennutz würde ich gerne wegwerfen,
doch ich fürchte mich vor dem,
der ihn aufheben wird.

Verlag, BoD, Norderstedt ISBN: 9783753464022